Y todo el mundo fue en el arca de Noé

"*Pero contigo estableceré mi alianza, y en la barca entrarán tus hijos, tu esposa, tus nueras y tú. También meterás en la barca un macho y una hembra de cada animal que hay en el mundo, para que sobrevivan como tú*".

— **Génesis 6: 18-19** (BDHH)

Originally published in English as *All Afloat on Noah's Boat*

Copyright © 2026 by Scholastic Inc.
Translation copyright © 2026 by Scholastic Inc.

All rights reserved. Published by Scholastic Inc., *Publishers since 1920*. SCHOLASTIC, LITTLE SHEPHERD, SCHOLASTIC EN ESPAÑOL, and associated logos are trademarks and/or registered trademarks of Scholastic Inc.

No part of this publication may be reproduced, stored in a retrieval system, or transmitted in any form or by any means, electronic, mechanical, photocopying, recording, or otherwise, or used to train any artificial intelligence technologies, without written permission of the publisher. For information regarding permission, write to Scholastic Inc., Attention: Permissions Department, 557 Broadway, New York, NY 10012.

This book is a work of fiction. Names, characters, places, and incidents are either the product of the author's imagination or are used fictitiously, and any resemblance to actual persons, living or dead, business establishments, events, or locales is entirely coincidental.

The illustrations in this book previously appeared in *Birds, Beasts, Critters, and Creatures: The Story of Noah's Ark* © 2018 Puppy Dogs & Ice Cream Inc.

The Bible quotations were taken from *Dios habla hoy*.

ISBN 979-8-225-03810-6

10 9 8 7 6 5 4 3 2 1   26 27 28 29 30

Printed in the U.S.A.   40
First Spanish printing 2026

Cover design by Jenna German
Illustrations by Ana Nguyen with thanks to Cloud Pillow Studio.

Y todo el mundo fue en el arca de Noé

CÓMO NOÉ SALVÓ A LAS CRIATURAS DE DIOS

JENNIFER GOTT
ILUSTRACIONES DE ANA NGUYEN

SCHOLASTIC INC.

A Noé, un hombre bueno, Dios un buen día le dijo:
"Haz un barco de madera, grande para tu cobijo".

"Una gran inundación borrará el mal que condeno.
Tu familia vivirá, porque sé que tú eres bueno".

Justo en el plazo fijado,
Noé el arca terminó.

Puso en su barco parejas de cada animal que vio.

Cuarenta días y noches llovió sin parar un instante. Todo el mundo se inundó, menos el arca flotante.

Los animales nocturnos
por la noche despertaban.

Alas, plumas y pelaje
por el arca retozaban.

Se paseaban unos tigres, los leones descansaban.

Bajo la noche estrellada,
los gatitos ronroneaban.

Y si los perros nerviosos les aullaban a la luna,

Noé los apaciguaba:
"Muy pronto se irá la lluvia".

El arca se bamboleaba sobre olas tumultuosas.

Las criaturas marinas la contemplaban curiosas.

Los animales salvajes,
en el arca se inquietaban.
"Muy pronto hallaremos tierra",
Noé los tranquilizaba.

A lo largo de los días,
bajo la lluvia constante,
los pájaros arrullaban
en un coro fascinante.

Por el arca se arrastraban
las culebras y serpientes.
Y a Noé lo saludaban
mil reptiles diferentes.

Se juntaban animales del desierto y la llanura.

"No teman, Dios nos protege", decía Noé con dulzura.

Los animales del polo
tenían un hogar de hielo.
Noé allí sentía frío,
pero le alegraba verlos.

Los insectos diminutos,
los que vuelan y se arrastran,

se acercaban cariñosos,
y a todos Noé amaba.

Los chimpancés y los monos jugaban con alegría...

sobre las vigas del arca,
que en las olas se mecía.

Tras ciento cincuenta días, comenzó el agua a bajar.

Era el momento esperado, la tierra se iba a secar.

¡Vieron tierra finalmente! El viaje había terminado.
Dios habló a Noé entonces: "¡Un mundo nuevo ha empezado!
Este brillante arcoíris es mi promesa de paz:
la tierra no inundaré con un diluvio jamás".

"*He puesto mi arcoíris en las nubes, y servirá como señal de la alianza que hago con la tierra*".

— Génesis 9: 13 (BDHH)

Jennifer Gott lleva veinticinco años trabajando en el mundo editorial con todo tipo de géneros. Le encanta crear y desarrollar ideas, ya sea para otros autores o para explorarlas por sí misma. Jennifer vive a las afueras de Nashville, Tennessee, donde se dedica a la jardinería y sirve de voluntaria como rescatista de animales.

Ana Nguyen vive en Hanói, Vietnam. De niña, le encantaba leer cómics y libros ilustrados, lo que la animó a soñar con convertirse en ilustradora. Siguió practicando y aprendiendo a través de libros y otros artistas, y espera que su trabajo pueda inspirar a las personas a vivir una vida mejor. A Ana le encanta escuchar música mientras trabaja, y cree que tener una mascota hace que la vida sea perfecta.